AF216427

Impressum
Verlag: BABADADA GmbH, Nedderfeld 112 , 22529 Hamburg
Geschäftsführer / Verlagsleitung: Harald Hof
Druck: Books on Demand GmbH, In de Tarpen 42, 22848 Norderstedt

Imprint
Publisher: BABADADA GmbH, Nedderfeld 112 , 22529 Hamburg, Germany
Managing Director / Publishing direction: Harald Hof
Print: Books on Demand GmbH, In de Tarpen 42, 22848 Norderstedt, Germany

escola
škola

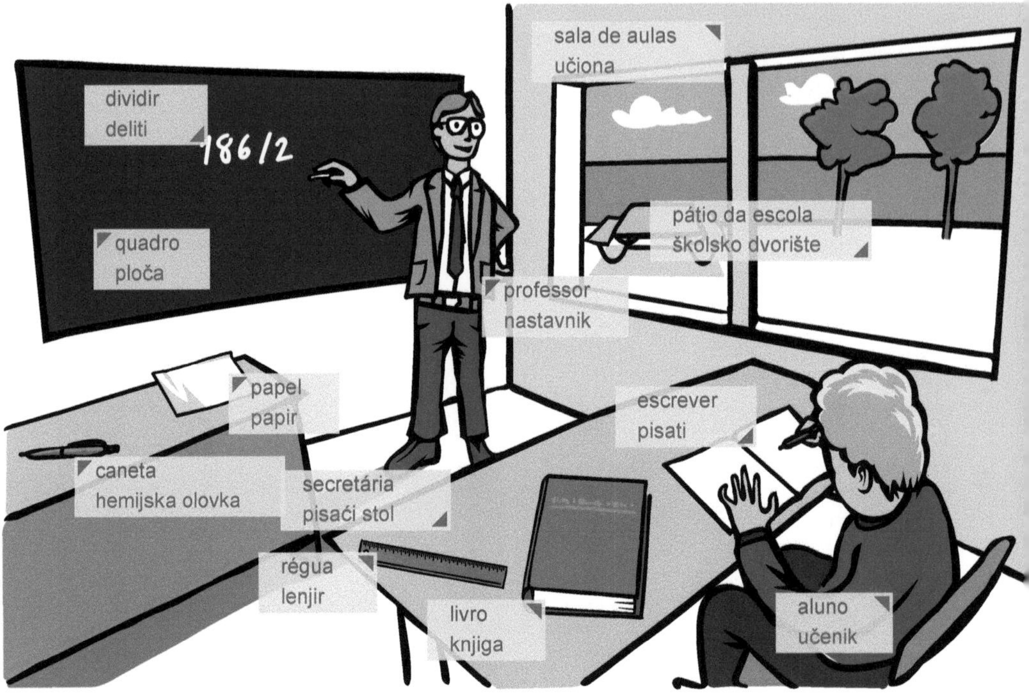
sala de aulas
učiona
dividir
deliti
186/2
quadro
ploča
pátio da escola
školsko dvorište
professor
nastavnik
papel
papir
escrever
pisati
caneta
hemijska olovka
secretária
pisaći stol
régua
lenjir
livro
knjiga
aluno
učenik

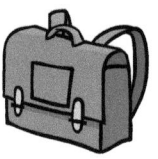

mochila

torba

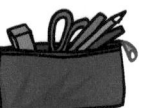

estojo de lápis

pernica

lápis

grafitna olovka

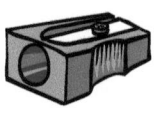

afia-lápis

šiljilo za olovke

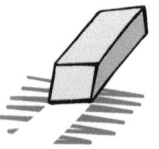

borracha

gumica za brisanje

bloco de desenho

blok za crtanje

desenho

crtež

pincel

kist

caixa de tintas

kutija sa bojama

tesoura

makaze

cola

lepilo

livro de exercícios

beležnica

trabalhos de casa

domaći zadatak

número

broj

somar

sabirati

subtrair

oduzimati

multiplicar

množiti

calcular

računati

letra

slovo

alfabeto

abeceda

palavra

reč

texto

tekst

ler

čitati

giz

kreda

hora

čas

registo de presenças

dnevnik

exame

ispit

certificado

svedočanstvo

uniforme escolar

školska uniforma

educação

obrazovanje

enciclopédia

leksikon

universidade

univerzitet

microscópio

mikroskop

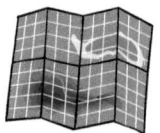

mapa

karta

cesto de lixo

košara za papir

viagem
putovanje

hotel
hotel
Grand
hostel
prenoćište
ROOMS
casa de câmbio
menjačnica
mala
kofer
carro
auto

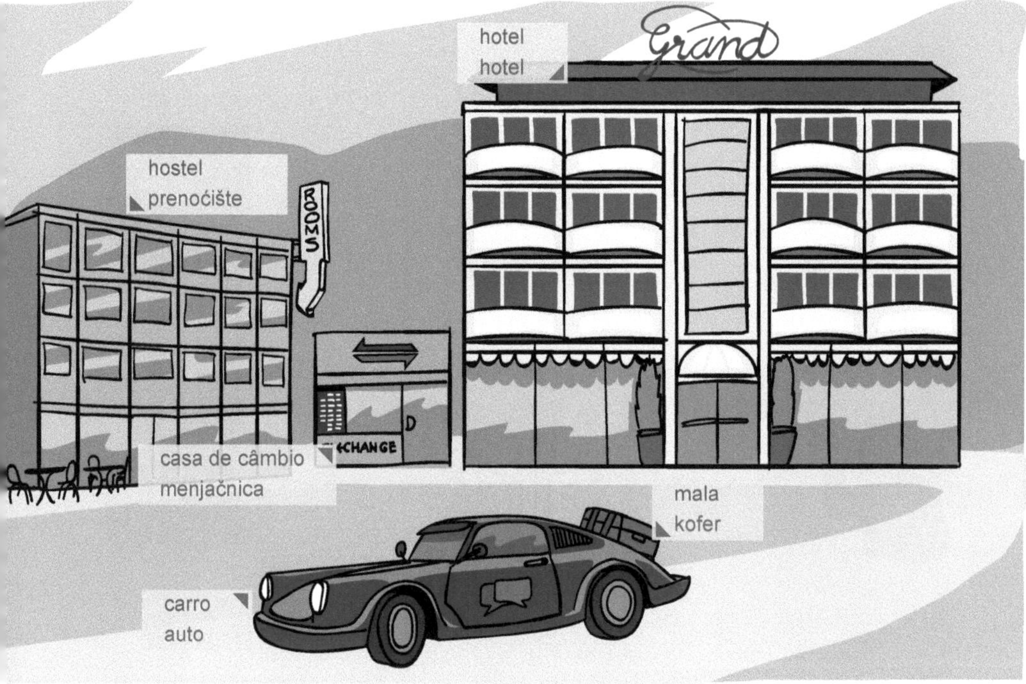

idioma

jezik

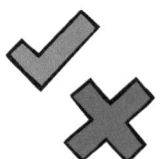

sim / não

da / ne

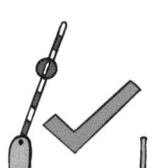

ok / certo / correto

okej

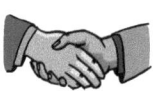

olá

zdravo

intérprete

prevodilac

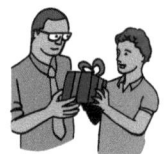

obrigado

hvala

quanto é que custa... ?

Koliko košta...?

não entendo

ne razumem

problema

problem

boa noite!

dobro veče!

Bom dia!

Dobro jutro!

Boa noite!

Laku noć!

adeus

doviđenja

direção

smer

bagagem

prtljaga

saco

torba

mochila

ruksak

convidado

gost

quarto

soba

saco-cama

vreća za spavanje

tenda

šator

viagem - putovanje

informação turística

turističke informacije

praia

plaža

cartão de crédito

kreditna kartica

pequeno-almoço

doručak

almoço

ručak

jantar

večera

bilhete

karta za vožnju

elevador

lift

selo postal

poštanska markica

fronteira

granica

alfândega

carina

embaixada

ambasada

visto

viza

passaporte

pasoš

transporte

transport

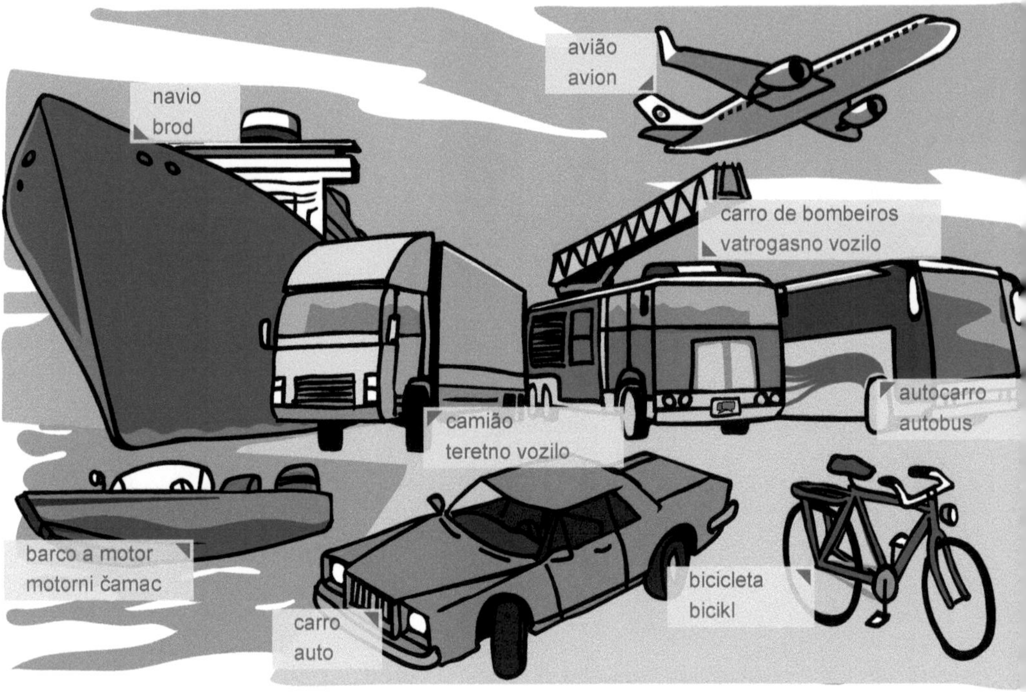
avião
avion
navio
brod
carro de bombeiros
vatrogasno vozilo
autocarro
autobus
camião
teretno vozilo
barco a motor
motorni čamac
bicicleta
bicikl
carro
auto

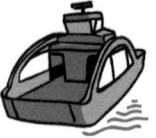

cacilheiro

trajekt

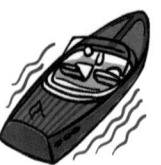

barco

čamac

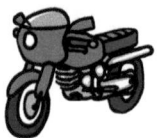

mota

motocikl

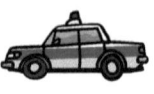

carro de polícia

policijski auto

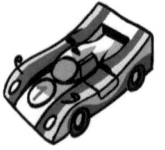

carro de corrida

trkaći auto

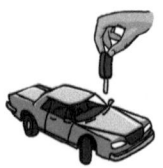

carro alugado

iznajmljeno auto

carsharing

delenje automobila

camião de reboque

vučno vozilo

camião do lixo

vozilo za odvoz smeća

motor

motor

combustível

benzin

estação de serviço

benzinska stanica

sinal de trânsito

saobraćajni znak

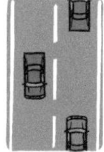

trânsito

saobraćaj

congestionamento de trânsito

zastoj

parque de estacionamento

parkiralište

estação ferroviária

železnička stanica

carris

šine

comboio

voz

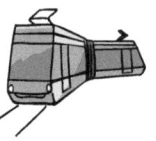

elétrico

tramvaj

carruagem

vagon

helicóptero

helikopter

aeroporto

aerodrom

torre

kula

passageiro

putnik

contentor

kontejner

caixa de papelão

karton

carrinho

kolica

cesto

korpa

levantar voo / aterrar

uzleteti / sleteti

cidade

grad

aldeia

selo

centro da cidade

centar grada

casa

kuća

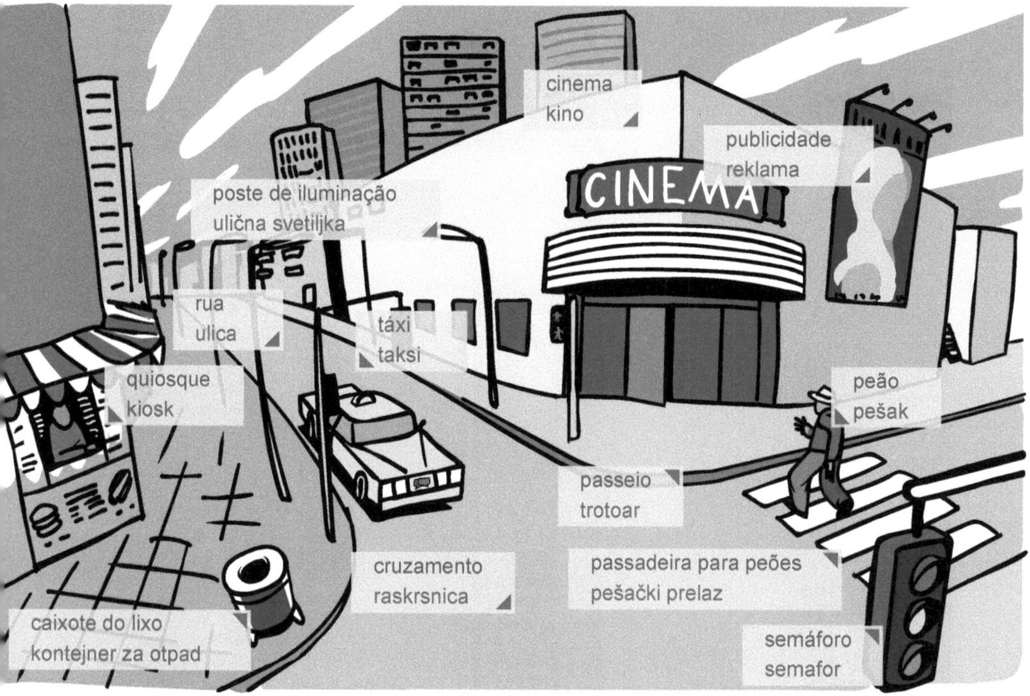

cinema
kino

publicidade
reklama

poste de iluminação
ulična svetiljka

CINEMA

rua
ulica

táxi
taksi

quiosque
kiosk

peão
pešak

passeio
trotoar

cruzamento
raskrsnica

passadeira para peões
pešački prelaz

caixote do lixo
kontejner za otpad

semáforo
semafor

cabana
....
koliba

apartamento
....
stan

estação ferroviária
....
železnička stanica

câmara municipal
....
većnica

museu
....
muzej

escola
....
škola

universidade

univerzitet

banco

banka

hospital

bolnica

hotel

hotel

farmácia

apoteka

escritório

kancelarija

livraria

knjižara

loja

prodavnica

florista

cvećara

supermercado

supermarket

mercado

trg

loja de departamentos

robna kuća

peixaria

ribarnica

centro comercial

trgovački centar

porto

luka

cidade - grad

parque
park

banco
klupa

ponte
most

escadas
stepenice

metro
podzemna železnica

túnel
tunel

paragem de autocarro
autobuska stanica

bar
bar

restaurante
restoran

caixa de correio
poštansko sanduče

sinal de trânsito
ulični znak

parquímetro
parkirni automat

jardim zoológico
zoološki vrt

piscina
bazen

mesquita
džamija

quinta

seosko gazdinstvo

poluição

zagađenje okoline

cemitério

groblje

igreja

crkva

parque infantil

igralište

templo

hram

paisagem
pejsaž

folha
list

placa de sinalização
putokaz

caminho
put

prado
livada

pedra
kamen

árvore
drvo

caminhantes
šetač

rio
reka

relva
trava

flor
cvijet

vale
dolina

montanha
planina

lago
jezero

floresta
šuma

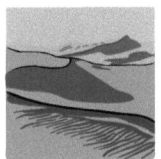

deserto
pustinja

vulcão
vulkan

castelo
dvorac

arco-íris
duga

cogumelo
gljiva

palma
palma

mosquito
moskito

mosca
muva

formiga
mrav

abelha
pčela

aranha
pauk

besouro

buba

sapo

žaba

esquilo

veverica

ouriço

jež

lebre

zec

coruja

sova

pássaro

ptica

cisne

labud

javali

divlja svinja

veado

jelen

alce

los

barragem

nasip

turbina eólica

vetrenjača

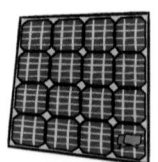

painel solar

solarna ploča

clima

klima

restaurante
restoran

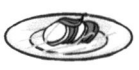

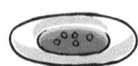

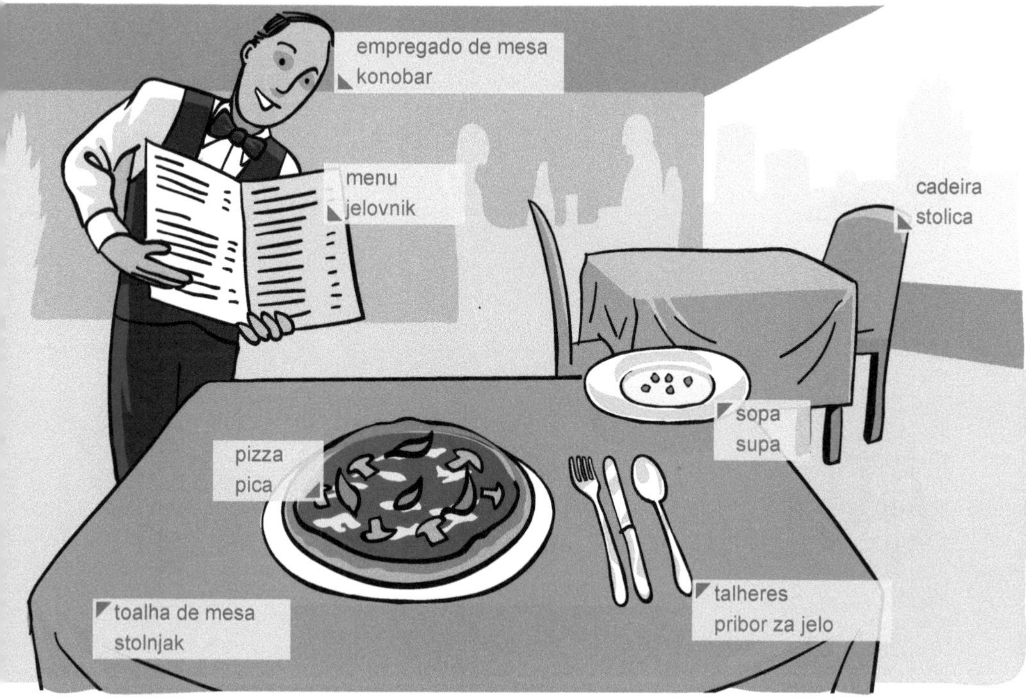
empregado de mesa
konobar
menu
jelovnik
cadeira
stolica
sopa
supa
pizza
pica
toalha de mesa
stolnjak
talheres
pribor za jelo

entrada

predjelo

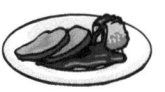

prato principal

glavno jelo

sobremesa

desert

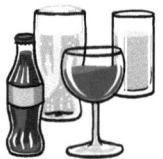

bebidas

napitci

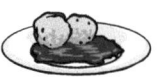

comida

jelo

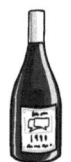

garrafa

flaša

fast food

brza hrana

comida de rua

imbis hrana

bule de chá

čajnik

açucareiro

doza za šećer

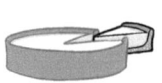

porção

porcija

máquina de café expresso

aparat za espresso

cadeira alta

visoka stolica

conta

račun

bandeja

poslužavnik

faca

nož

garfo

viljuška

colher

kašika

colher de chá

čajna kašika

guardanapo

salveta

copo

čaša

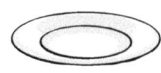

prato
....
tanjir

prato de sopa
....
tanjir za supu

pires
....
tanjirić

molho
....
sos

saleiro
....
soljenka

moinho de pimenta
....
mlin za biber

vinagre
....
sirće

óleo
....
ulje

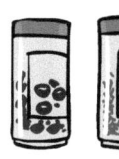

especiarias
....
začini

ketchup
....
kečap

mostarda
....
senf

maionese
....
majoneza

supermercado
supermarket

oferta especial
ponuda
FOR
cliente
kupac
laticínios
mlečni proizvodi
fruta
voće
carrinho de compras
kolica za kupovinu

BUTCHERS

talho
mesnica

BAKERY

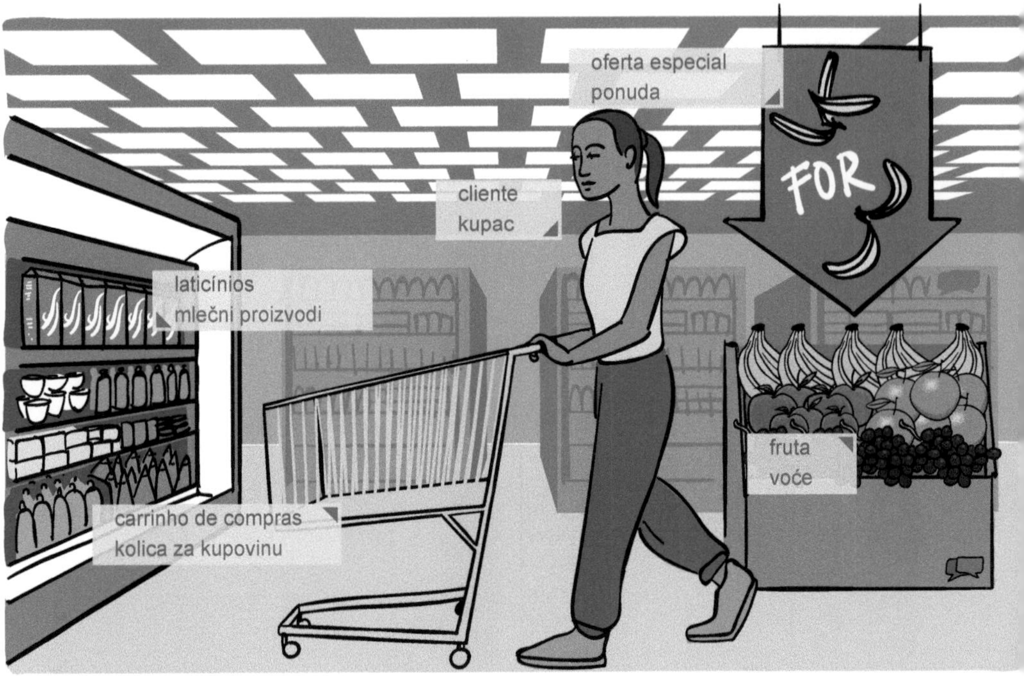

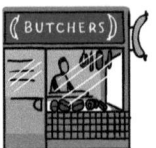

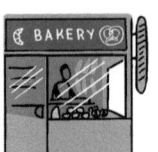

padaria
pekara

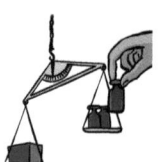

pesar
vagati

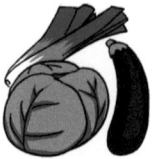

vegetais
povrće

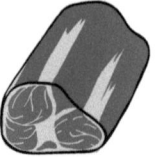

carne
meso

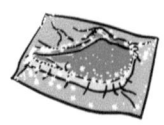

alimentos congelados
smrznuta hrana

charcutaria

narezak

comida enlatada

konzerve

detergente em pó

sredstvo za pranje

doces

slatkiši

artigos domésticos

artikli za domaćinstvo

produtos de limpeza

sredstva za čišćenje

vendedora

prodavačica

caixa

blagajna

caixa

blagajnik

lista de compras

lista za kupovinu

horário de funcionamento

vreme rada

carteira

novčanik

cartão de crédito

kreditna kartica

saco

torba

saco de plástico

plastična kesa

água

voda

sumo

sok

leite

mleko

coca-cola

kola

vinho

vino

cerveja

pivo

álcool

alkohol

cacau

kakao

chá

čaj

café

kava

café expresso

espresso

capuccino

cappuccino

banana
banana

maçã
jabuka

laranja
narandža

melão
lubenica

limão
limun

cenoura
šargarepa

alho
beli luk

bambu
bambus

cebola
luk

cogumelo
gljiva

nozes
orašasti plodovi

talharim
rezanci

esparguete
....
špagete

arroz
....
riža

salada
....
salata

batatas fritas
....
pomfrit

batatas fritas
....
pečeni krumpir

pizza
....
pica

hambúrguer
....
hamburger

sanduíche
....
sendvič

bife panado
....
šnicla

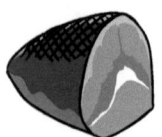

fiambre
....
šunka

salame
....
salama

salsicha
....
kobasica

galinha
....
kokoš

assado
....
pečenje

peixe
....
riba

flocos de aveia

zobene pahuljice

muesli

musli

flocos de milho

kukuruzne pahuljice

farinha

brašno

croissant

kroasan

carcaça (pãozinho)

pecivo

pão

hleb

torrada

toast

biscoitos

keksi

manteiga

maslac

requeijão

sveži sir

bolo

kolač

ovo

jaje

ovo estrelado

jaje na oko

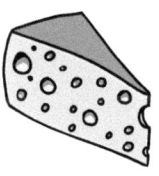

queijo

sir

gelado

sladoled

açúcar

šećer

mel

med

compota

marmelada

creme de nougat

nugat krema

caril

kari

quinta
seosko gazdinstvo

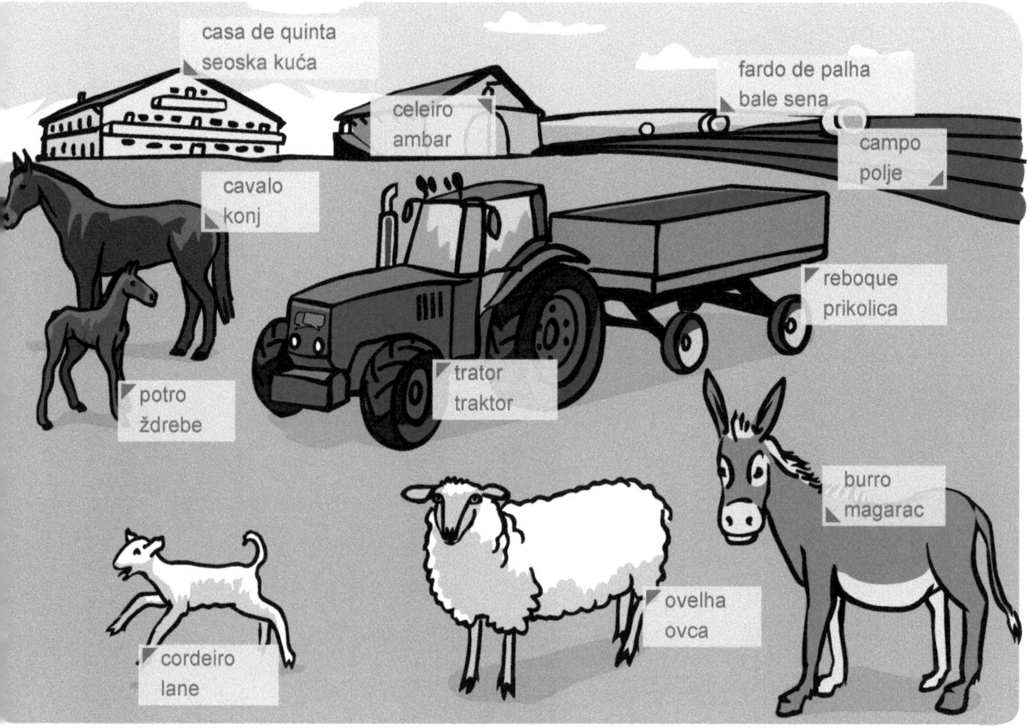
casa de quinta
seoska kuća
celeiro
ambar
fardo de palha
bale sena
campo
polje
cavalo
konj
reboque
prikolica
trator
traktor
potro
ždrebe
burro
magarac
ovelha
ovca
cordeiro
lane

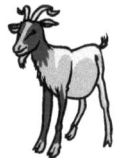

cabra
koza

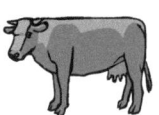

vaca
krava

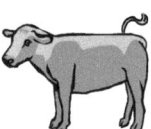

bezerro
tele

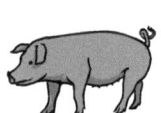

porco
svinja

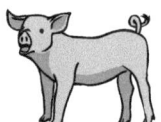

leitão
prase

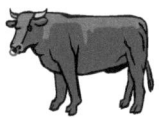

touro
bik

ganso
guska

pato
patka

pintaínho
pilići

galinha
kokoš

galo
petao

ratazana
pacov

gato
mačka

rato
miš

boi
vol

cão
pas

casota
kućica za psa

mangueira de jardim
vrtno crevo

regador
kanta za polivanje

foice
kosa

arado
plug

foice
srp

enxada
motika

forquilha
viljuška za đubrivo

machado
sekira

carrinho de mão
tačke

manjedoura
korito

jarro de leite
posuda za mleko

saco
vreća

cerca
ograda

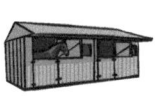

estábulo
štala

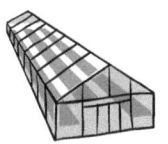

estufa
staklenik

solo
zemlja

semente
seme

fertilizante
đubrivo

ceifeira-debulhadora
kombajn

colher

žeti

colheita

žetva

inhame

jams začin

trigo

pšenica

soja

soja

batata

krumpir

milho

kukuruz

colza

uljana repica

árvore de fruto

voćka

mandioca

gomolj manioke

cereais

žitarice

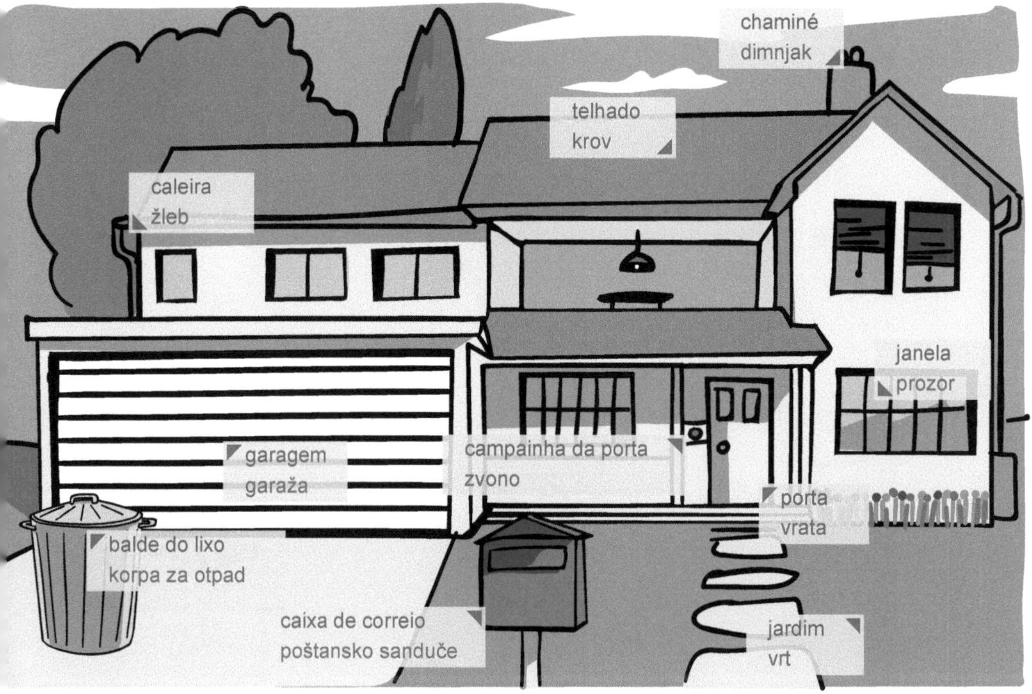

chaminé
dimnjak

telhado
krov

caleira
žleb

janela
prozor

garagem
garaža

campainha da porta
zvono

porta
vrata

balde do lixo
korpa za otpad

caixa de correio
poštansko sanduče

jardim
vrt

sala de estar
dnevna soba

casa de banho
kupaonica

cozinha
kuhinja

quarto de dormir
spavaća soba

quarto de criança
dečija soba

sala de jantar
trpezarija

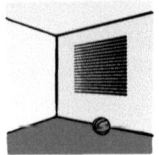

chão
....
pod

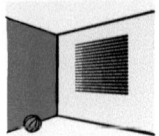

parede
....
zid

teto
....
strop

cave
....
podrum

sauna
....
sauna

varanda
....
balkon

terraço
....
terasa

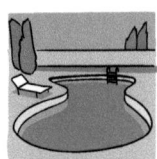

piscina
....
bazen

máquina de cortar relvado
....
kosilica za travu

lençol
....
posteljina za krevet

cobertor
....
deka za krevet

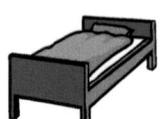

cama
....
krevet

vassoura
....
metla

balde
....
kanta

interruptor
....
prekidač

sala de estar

dnevna soba

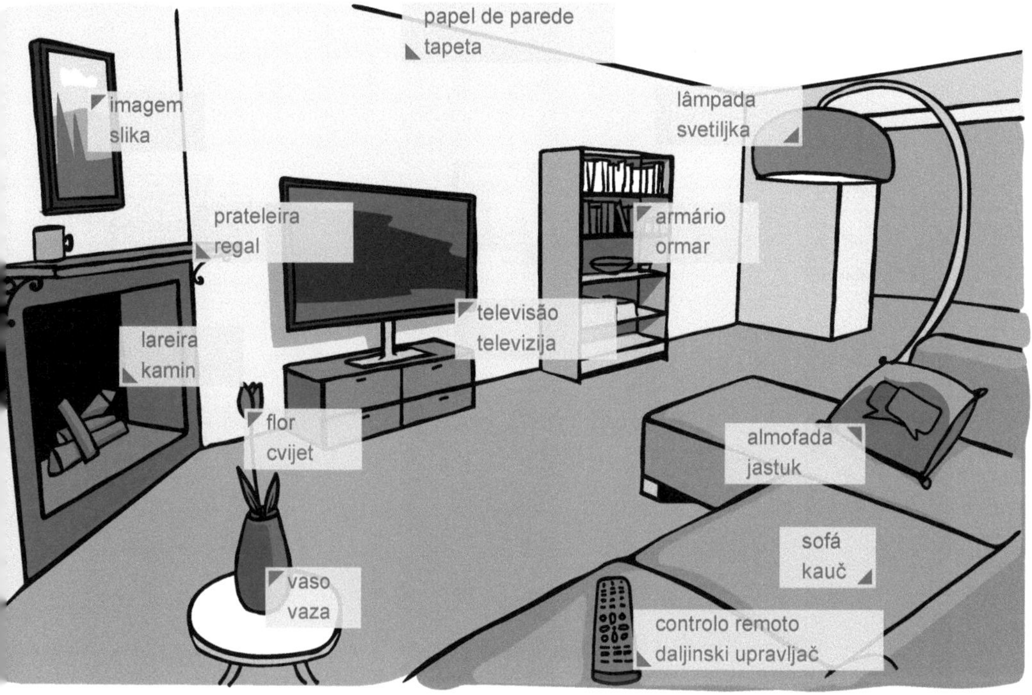

papel de parede
tapeta
imagem
slika
lâmpada
svetiljka
prateleira
regal
armário
ormar
televisão
televizija
lareira
kamin
flor
cvijet
almofada
jastuk
sofá
kauč
vaso
vaza
controlo remoto
daljinski upravljač

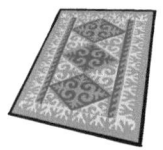

tapete
tepih

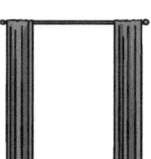

cortina
zavesa

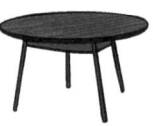

mesa
sto

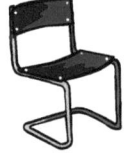

cadeira
stolica

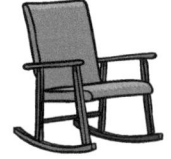

cadeira de baloiço
stolica za njihanje

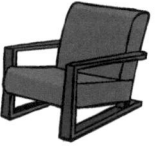

poltrona
fotelja

livro
knjiga

cobertor
deka

decoração
dekoracija

lenha
drvo za ogrev

filme
film

sistema estéreo
hi-fi uređaj

chave
ključ

jornal
novine

pintura
slika na platnu

póster
poster

rádio
radio

bloco de notas
blok za pisanje

aspirador
usisivač

cato
kaktus

vela
sveća

cozinha
kuhinja

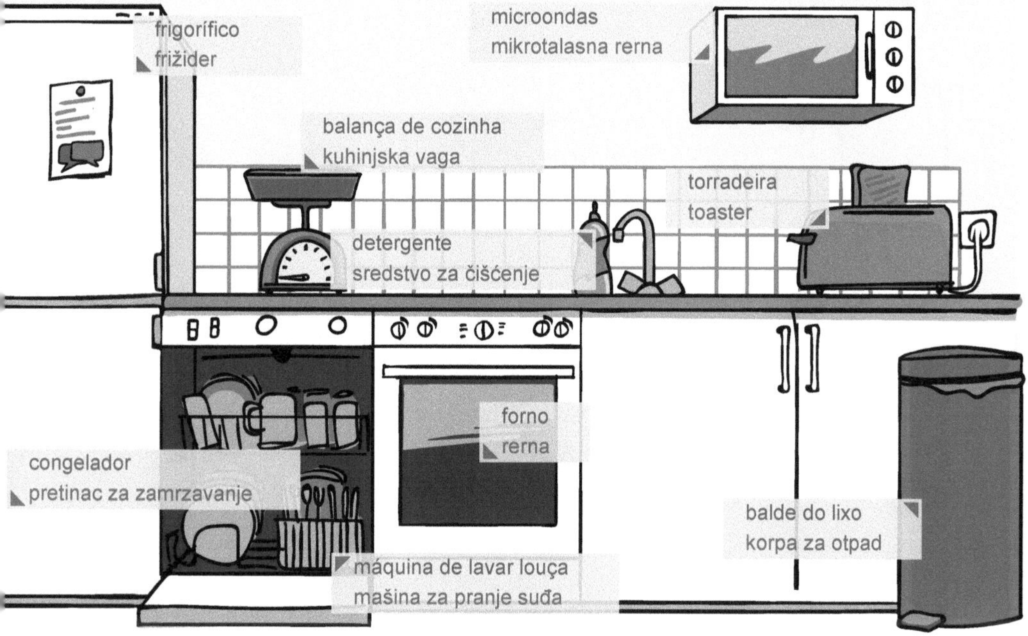
frigorífico
frižider
microondas
mikrotalasna rerna
balança de cozinha
kuhinjska vaga
torradeira
toaster
detergente
sredstvo za čišćenje
forno
rerna
congelador
pretinac za zamrzavanje
balde do lixo
korpa za otpad
máquina de lavar louça
mašina za pranje suđa

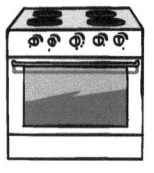

fogão

šporet

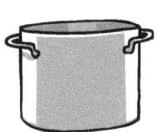

panela

lonac

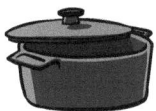

panela de ferro

gvozdeni lonac

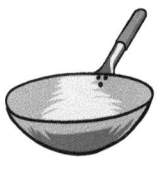

wok / kadai

wok / kadai

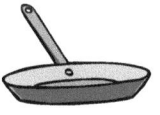

frigideira

tava

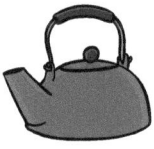

chaleira

kuvalo za vodu

panela a vapor

kuvalo na paru

tabuleiro de forno

lim za pečenje

louça

posuđe

caneca

čaša

tigela

posuda

pauzinhos

štapići za jelo

concha de sopa

kutlača

espátula

lopatica

batedor de claras

penjača

escorredor

sito za kuvanje

peneira

sito

ralador

ribež

almofariz

mužar

churrasqueira

roštilj

lareira

ognjište

cozinha - kuhinja

tábua de cortar

daska

rolo da massa

oklagija

saca-rolhas

vadičep

lata

konzerva

abridor de latas

otvarač konzervi

luvas de forno

krpa za lonac

lava-loiça

sudoper

escova

četka

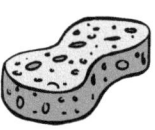

esponja

sunđer

liquidificador

mikser

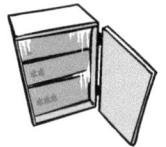

arca frigorífica

zamrzivač

biberão

flašica za bebe

torneira

slavina za vodu

casa de banho

kupaonica

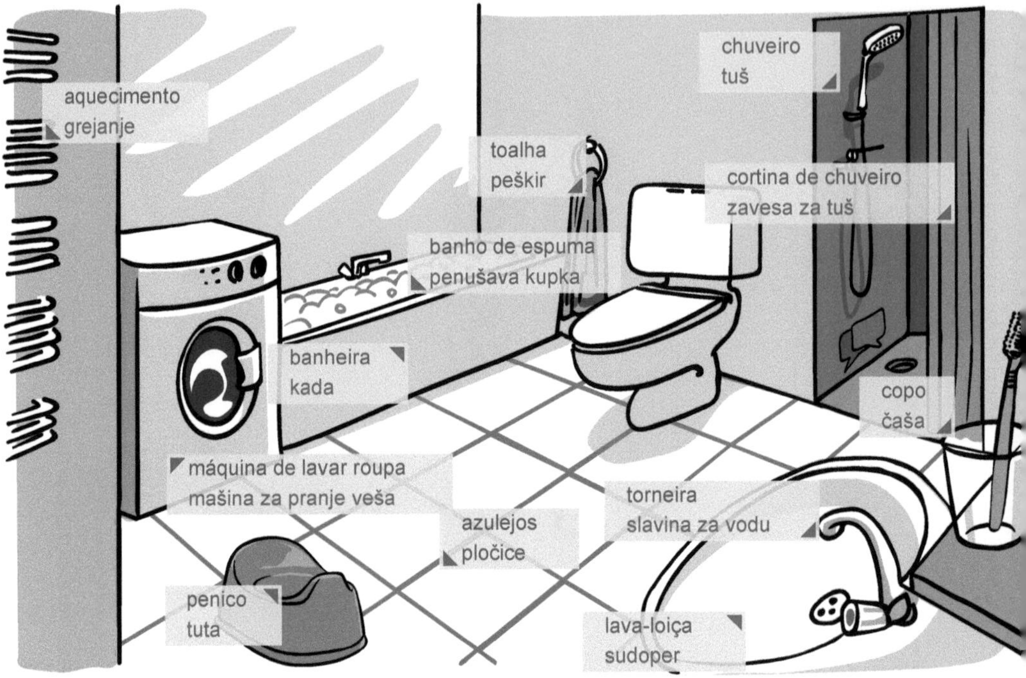
aquecimento
grejanje
chuveiro
tuš
toalha
peškir
cortina de chuveiro
zavesa za tuš
banho de espuma
penušava kupka
banheira
kada
copo
čaša
máquina de lavar roupa
mašina za pranje veša
torneira
slavina za vodu
azulejos
pločice
penico
tuta
lava-loiça
sudoper

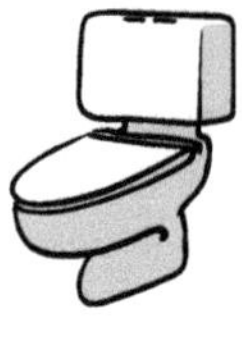

sanita

toalet

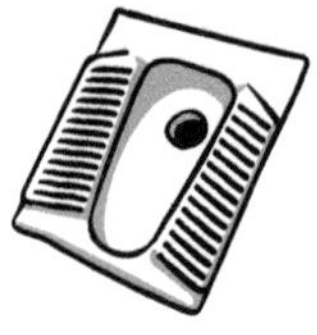

retrete turca

čučavac

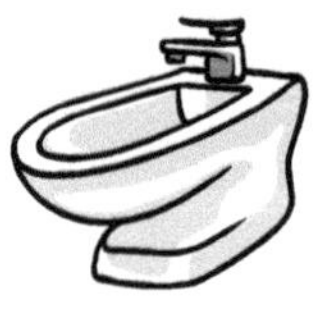

bidé

bidet

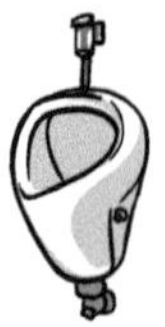

urinol

pisoar

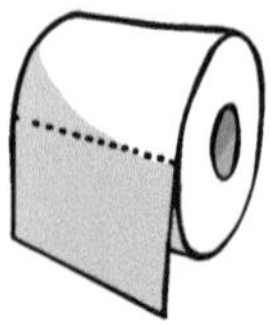

papel higiénico

toaletni papir

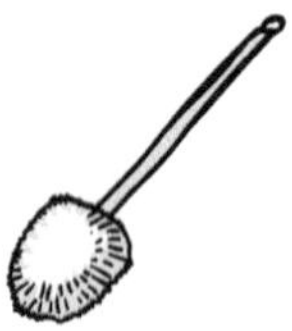

piaçaba

četka za toalet

escova de dentes

četkica za zube

pasta de dentes

pasta za zube

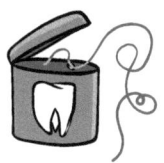

fio dentário

konac za zube

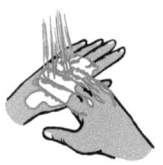

lavar

prati

chuveiro de mão

tuš ručica

duche íntimo

tuš za pranje intimnih
delova

bacia

lavor

escova para as costas

četka za pranje leđa

sabonete

sapun

gel de banho

gel za tuširanje

champô

šampon

toalha de rosto

krpa za pranje

escoamento

odvod

creme

krema

desodorizante

dezodorans

espelho

ogledalo

espelho de mão

kozmetičko ogledalo

máquina de barbear

brijač

creme de barbear

pena za brijanje

loção pós-barba

losion za posle brijanja

pente

češalj

escova

četka

secador de cabelo

fen za kosu

spray de cabelo

sprej za kosu

maquilhagem

makeup

batom

ruž za usne

verniz de unhas

lak za nokte

algodão

vata

tesoura para unhas

makaze za nokte

perfume

parfem

nécessaire

kozmetička torbica

tamborete

stolica

balança

vaga

roupão de banho

ogrtač

luvas de borracha

rukavice za čišćenje

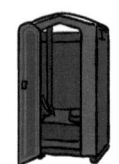

tampão

tampon

penso higiénico

uložak

WC químico

hemijski toalet

quarto de criança

dečija soba

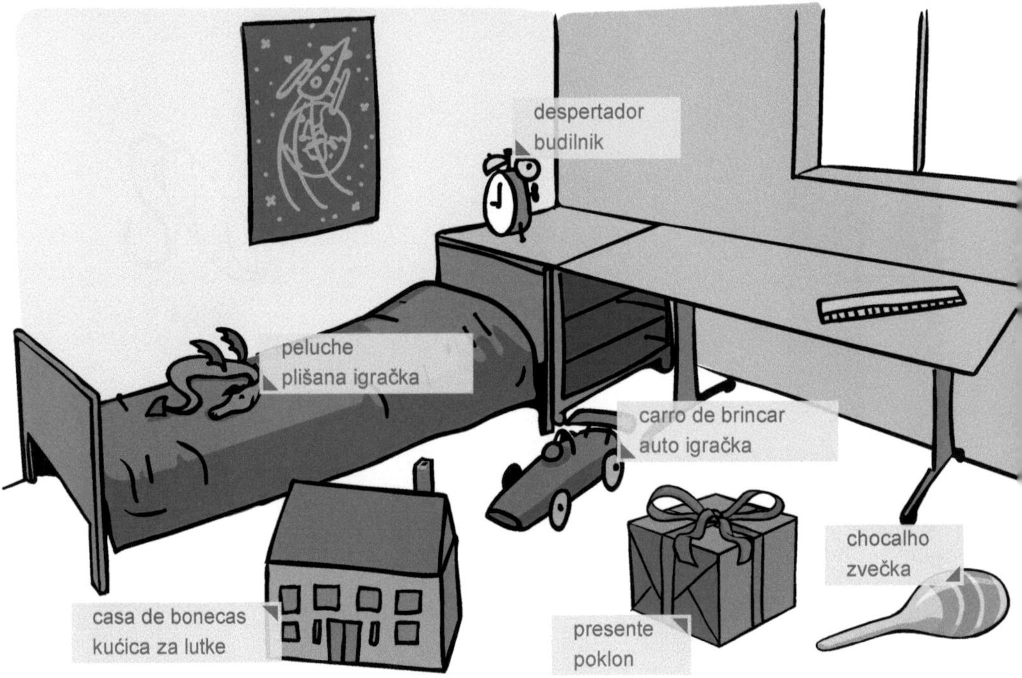
despertador
budilnik
peluche
plišana igračka
carro de brincar
auto igračka
chocalho
zvečka
casa de bonecas
kućica za lutke
presente
poklon

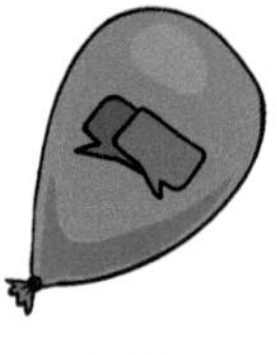

balão
balon

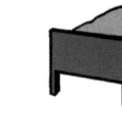

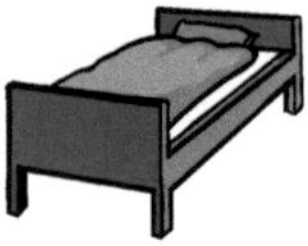

cama
krevet

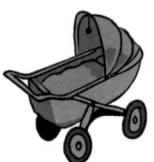

carrinho de bebé
dječija kolica

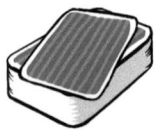

jogo de cartas
igra s kartama

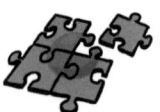

quebra-cabeças
slagalica

SUPER
MEGA

banda desenhada
strip

peças de Lego
lego kockice

blocos de construção
kockice za slaganje

figura de ação
akcioni junak

fato de bebé
benkica za bebe

Frisbee
frizbi

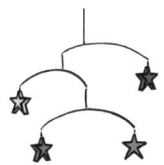
móbile para bebé
viseće igračke

jogo de tabuleiro
društvene igre

dados
kocka

pista de comboio elétrico
minijaturna željeznica

chupeta
duda

festa
zabava

livro ilustrado
slikovnica

bola
lopta

boneca
lutka

jogar
igrati

caixa de areia

pješčanik

baloiço

ljuljačka

brinquedos

igračka

consola de jogos

konzola za igre

triciclo

tricikl

ursinho de peluche

tedi

guarda-roupa

ormar

vestuário

odeća

meias

kratke čarape

meias pelo joelho

čarape

meias-calças

hulahopke

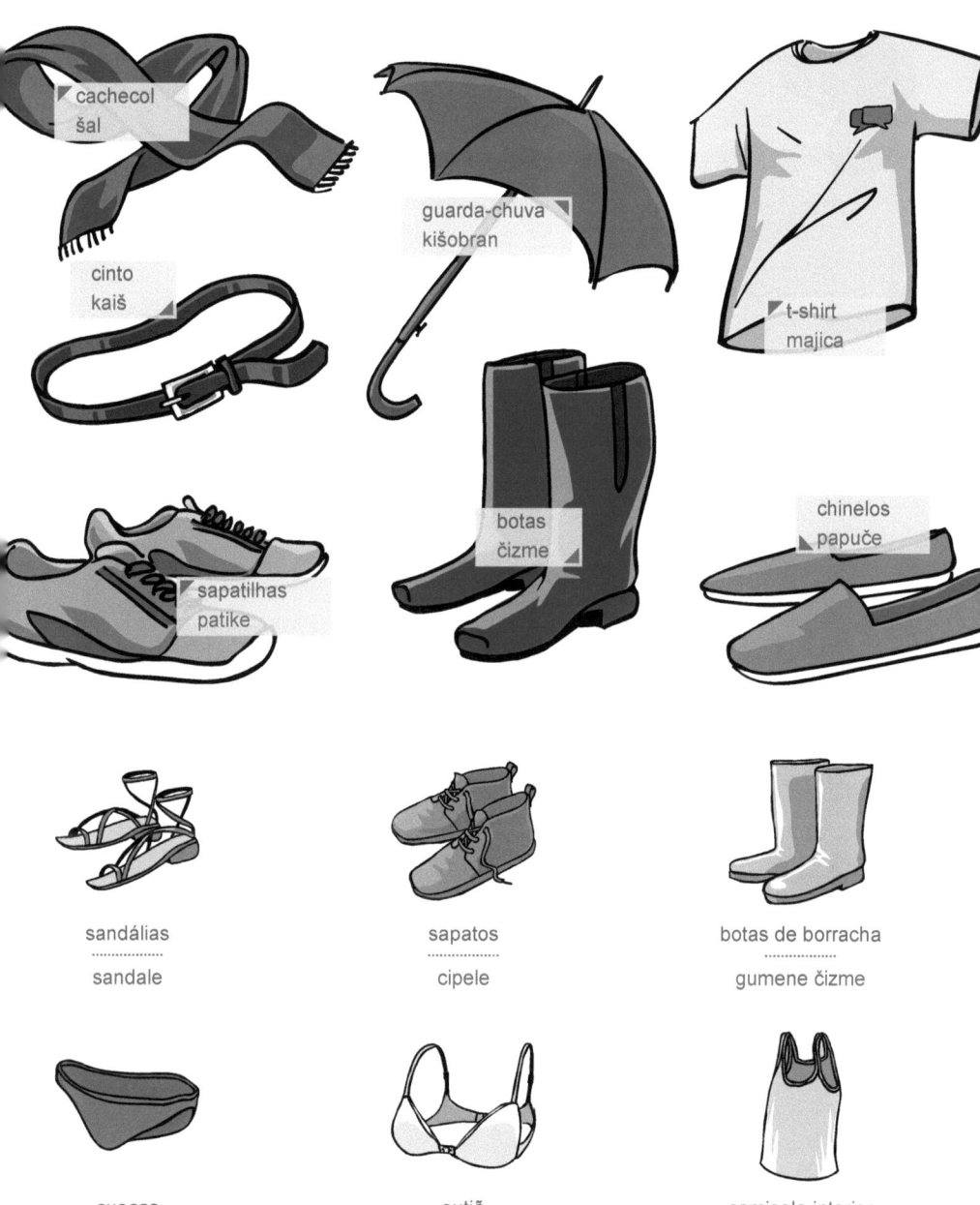

cachecol
šal

guarda-chuva
kišobran

t-shirt
majica

cinto
kaiš

botas
čizme

chinelos
papuče

sapatilhas
patike

sandálias
sandale

sapatos
cipele

botas de borracha
gumene čizme

cuecas
gaćice

sutiã
grudnjak

camisola interior
potkošulja

vestuário - odeća

body
bodi

calças
pantalone

calças de ganga
farmerke

saia
suknja

blusa
bluza

camisa
košulja

pulôver
džemper

camisola com capuz
džemper s kapuljačom

blazer
sako

casaco
jakna

manto
kaput

gabardina
kabanica

traje
kostim

vestido
haljina

vestido de casamento
venčanica

fato
odelo

camisa de dormir
spavaćica

pijama
pidžama

sari
sari

lenço de cabeça
marama za glavu

turbante
turban

burca
burka

cafetã
kaftan

abaya
abaja

fato de banho
kupaći kostim

calções de banho
kupaće gaćice

calções
kratke pantalone

fato de treino
odeća za trening

avental
kecelja

luvas
rukavice

botão

dugme

óculos

naočare

pulseira

narukvica

colar

ogrlica

anel

prsten

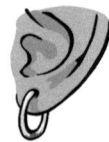

brinco

naušnica

boné

kapa

cabide

vešalica

chapéu

šešir

gravata

kravata

fecho de correr

patent zatvarač

capacete

kaciga

suspensórios

naramenice

uniforme escolar

školska uniforma

uniforme

uniforma

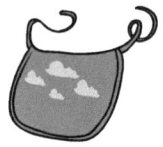

babete

podbradak

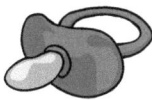

chupeta

duda

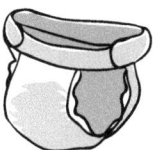

fralda

pelena

escritório
kancelarija

servidor
server
armário de arquivo
ormar za spise
impressora
štampač
papel
papir
ecrã
monitor
secretária
pisaći stol
rato
miš
pasta
mapa
teclado
tastatura
cesto de lixo
košara za papir
computador
kompjuter
cadeira
stolica

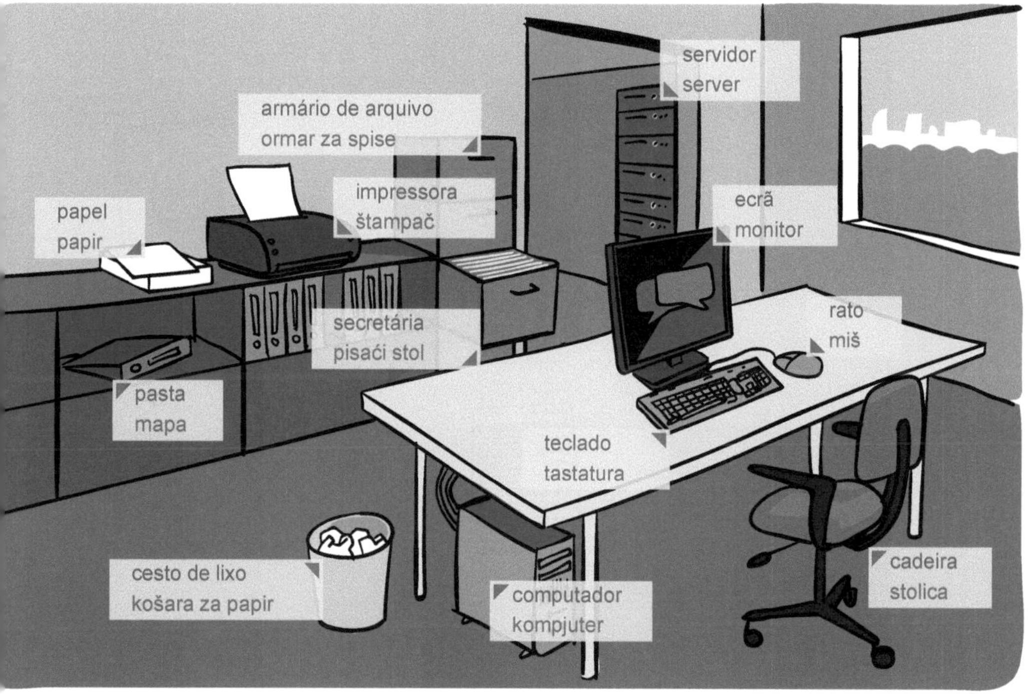

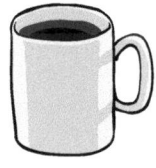

caneca de café

šalica za kavu

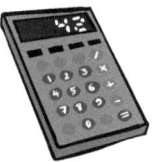

calculadora

kalkulator

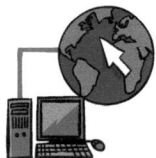

internet

internet

computador portátil
....
laptop

carta
....
pismo

mensagem
....
poruka

telemóvel
....
mobilni telefon

rede
....
mreža

fotocopiadora
....
uređaj za kopiranje

software
....
softver

telefone
....
telefon

tomada elétrica
....
utičnica

fax
....
faks

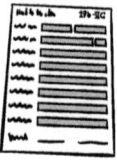

formulário
....
formular

documento
....
dokument

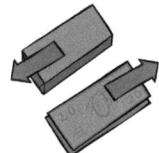

comprar
kupovati

pagar
platiti

negociar
trgovati

dinheiro
novac

dólar
dolar

euro
evro

yen
jen

rublo
rublja

franco suíço
švajcarski franak

renminbi yuan
renmindbi juan

rupia
rupija

caixa de multibanco
automat za novac

casa de câmbio

menjačnica

ouro

zlato

prata

srebro

petróleo

nafta

energia

energija

preço

cena

contrato

ugovor

imposto

porez

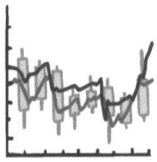

ação

deonica

trabalhar

raditi

empregado

službenik

entidade patronal

poslodavac

fábrica

fabrika

loja

prodavnica

profissões
zanimanja

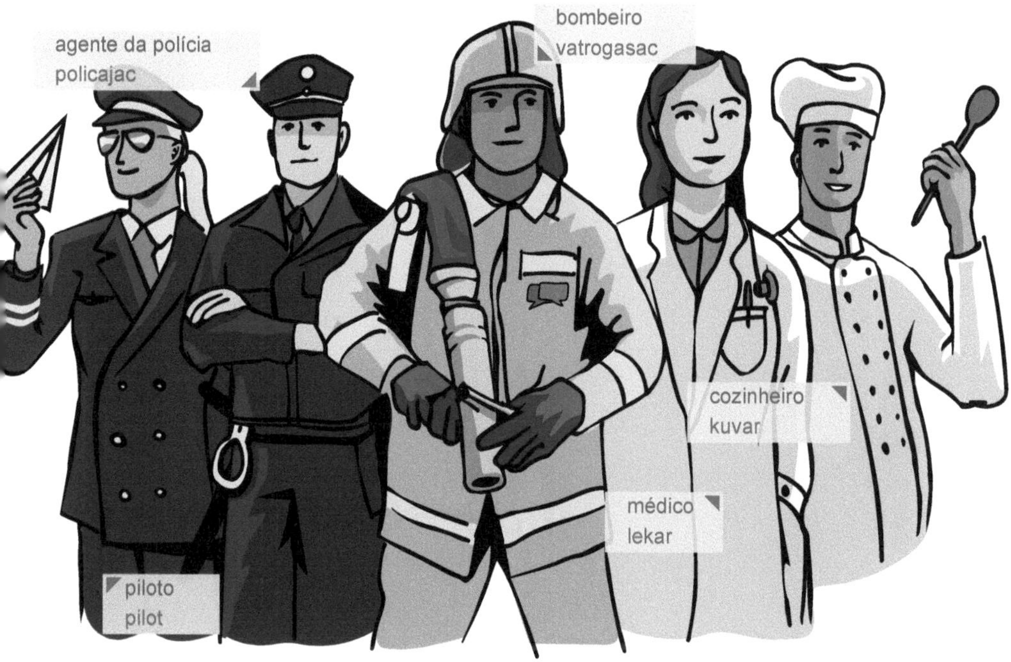
agente da polícia
policajac
bombeiro
vatrogasac
cozinheiro
kuvar
médico
lekar
piloto
pilot

jardineiro

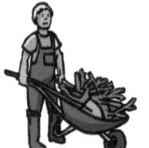

vrtlar

carpinteiro

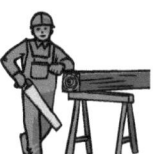

stolar

costureira

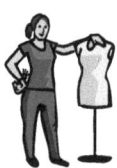

krojačica

juiz

sudija

químico

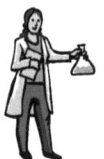

hemičar

ator

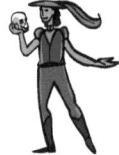

glumac

motorista de autocarro

vozač autobusa

motorista de táxi

vozač taksija

pescador

ribar

empregada de limpeza

čistačica

telhador

krovopokrivač

empregado de mesa

konobar

caçador

lovac

pintor

slikar

padeiro

pekar

eletricista

električar

construtor

građevinski radnik

engenheiro

inženjer

talhante

mesar

canalizador

limar

carteiro

poštar

soldado

vojnik

arquiteto

arhitekta

caixa

blagajnik

florista

cvećar

cabeleireiro

frizer

controlador de bilhetes

kondukter

mecânico

mehaničar

capitão

kapetan

dentista

zubar

cientista

naučnik

rabino

rabi

imã

imam

monge

monah

pastor

svećenik

ferramentas

alati

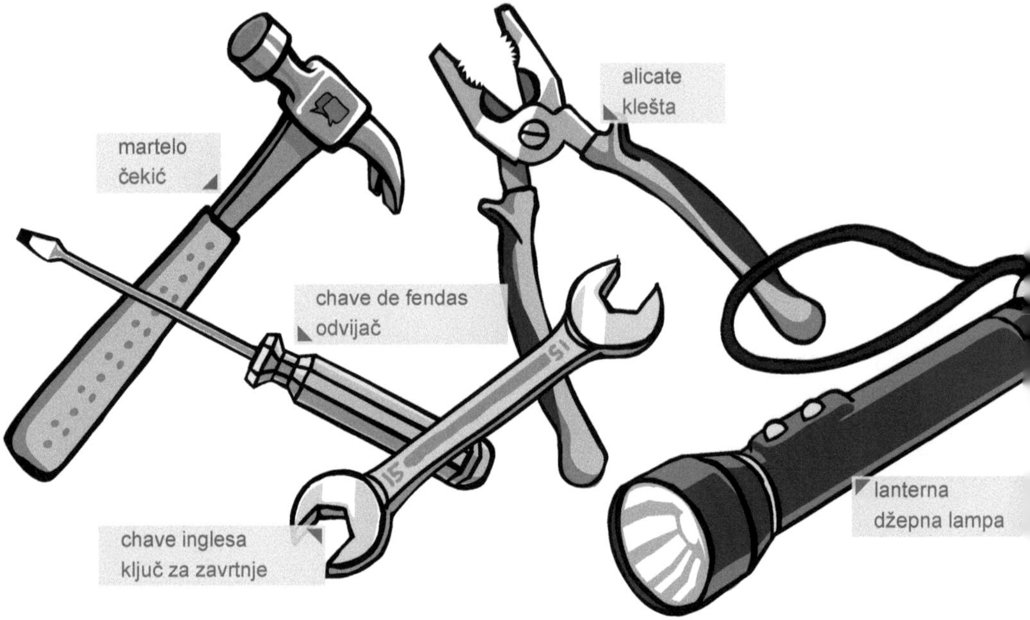
martelo
čekić
alicate
klešta
chave de fendas
odvijač
chave inglesa
ključ za zavrtnje
lanterna
džepna lampa

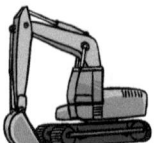

escavadora

bager

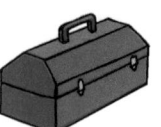

caixa de ferramentas

kutija za alat

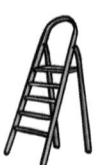

escadote

merdevine

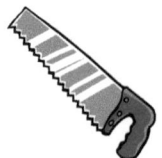

serra

pila

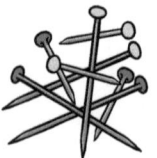

pregos

ekser

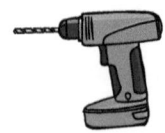

broca

bušilica

reparar
popraviti

pá
lopata

porcaria!
do đavola!

pá de lixo
lopatica

pote de tinta
lonac za boju

parafusos
zavrtanji

instrumentos musicais
muzički instrument

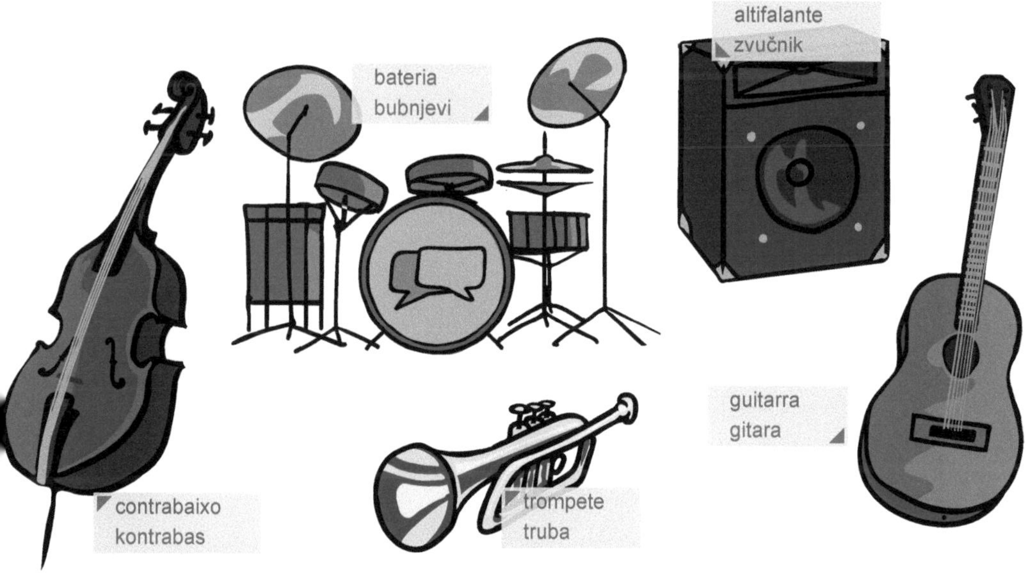

bateria
bubnjevi

altifalante
zvučnik

guitarra
gitara

contrabaixo
kontrabas

trompete
truba

piano

klavir

violino

violina

baixo

bas

timbales

timpani

tambor

udaraljke za bubnjeve

teclado

tipke klavira

saxofone

saksofon

flauta

flauta

microfone

mikrofon

instrumentos musicais - muzički instrument

jardim zoológico

zoološki vrt

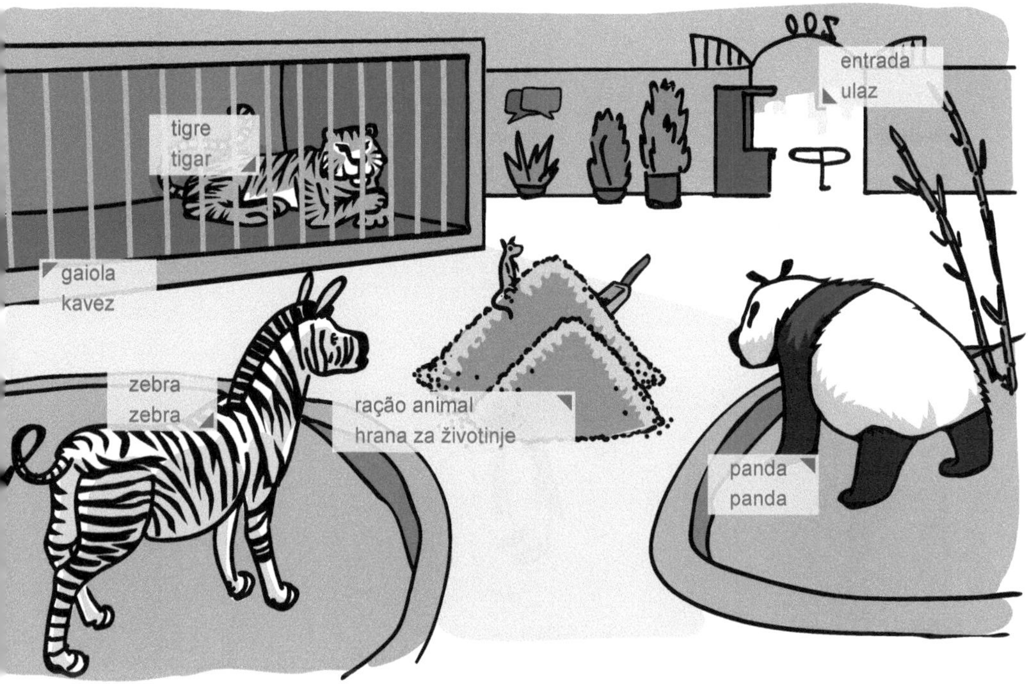

entrada
ulaz
tigre
tigar
gaiola
kavez
zebra
zebra
ração animal
hrana za životinje
panda
panda

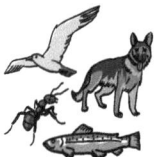

animais

životinje

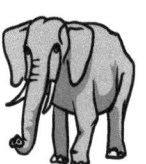

elefante

slon

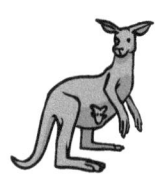

canguru

kengur

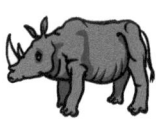

rinoceronte

nosorog

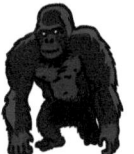

gorila

gorila

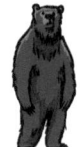

urso

medved

camelo	avestruz	leão
kamila	noj	lav

macaco	flamingo	papagaio
majmun	flamingo	papagaj

urso polar	pinguim	tubarão
polarni medved	pingvin	ajkula

pavão	cobra	crocodilo
paun	zmija	krokodil

guarda do jardim zoológico	foca	jaguar
čuvar u zoološkom vrtu	tuljan	jaguar

pónei

poni

leopardo

leopard

hipopótamo

nilski konj

girafa

žirafa

águia

orao

javali

divlja svinja

peixe

riba

tartaruga

kornjača

morsa

morž

raposa

lisica

gazela

gazela

futebol americano
američki nogomet

ciclismo
biciklizam

ténis
tenis

basquetebol
košarka

natação
plivanje

boxe
boks

hóquei no gelo
hokej na ledu

futebol
fudbal

badminton
badminton

atletismo
atletika

andebol
rukomet

esqui
skijanje

polo
polo

atividades
aktivnosti

rir
smejati se
saltar
skočiti
abraçar
zagrliti
andar
ići
cantar
pevati
sonhar
sanjati
rezar
moliti se
beijar
poljubiti

A

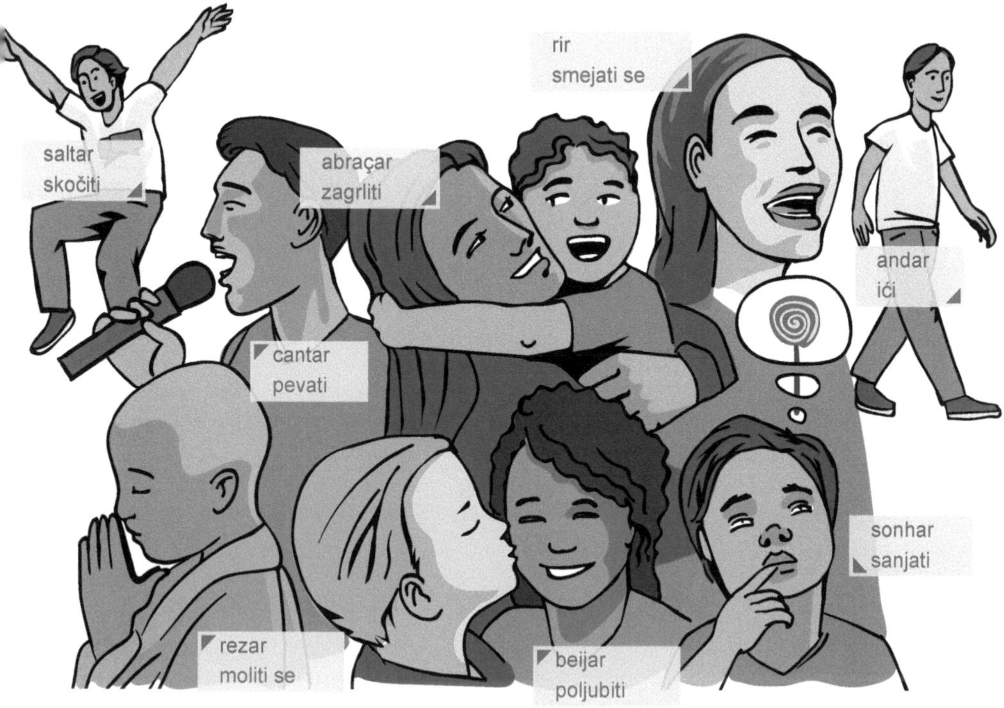

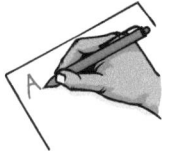

escrever

pisati

desenhar

crtati

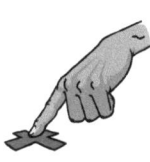

mostrar

pokazati

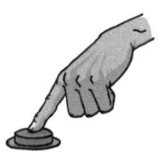

empurrar

gurati

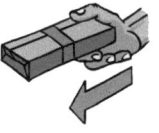

dar

dati

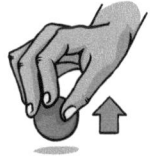

tomar

uzeti

ter
....
imati

fazer
....
činiti

ser
....
biti

ficar de pé
....
stojati

correr
....
trčati

puxar
....
povlačiti

remessar
....
baciti

cair
....
padati

deitar
....
ležati

esperar
....
čekati

carregar
....
nositi

sentar
....
sediti

vestir
....
oblačiti

dormir
....
spavati

acordar
....
probuditi se

atividades - aktivnosti

olhar para

gledati

chorar

plakati

acariciar

milovati

pentear

češljati

falar

govoriti

compreender

razumeti

perguntar

pitati

ouvir

slušati

beber

piti

comer

jesti

arrumar

pospremiti

amar

voleti

cozinhar

kuhati

conduzir

voziti

voar

leteti

velejar
....
ploviti

calcular
....
računati

ler
....
čitati

aprender
....
učiti

trabalhar
....
raditi

casar
....
venčati se

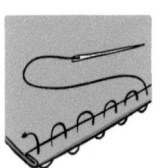

costurar
....
šiti

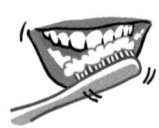

escovar os dentes
....
prati zube

matar
....
ubiti

fumar
....
pušiti

enviar
....
poslati

atividades - aktivnosti

família
porodica

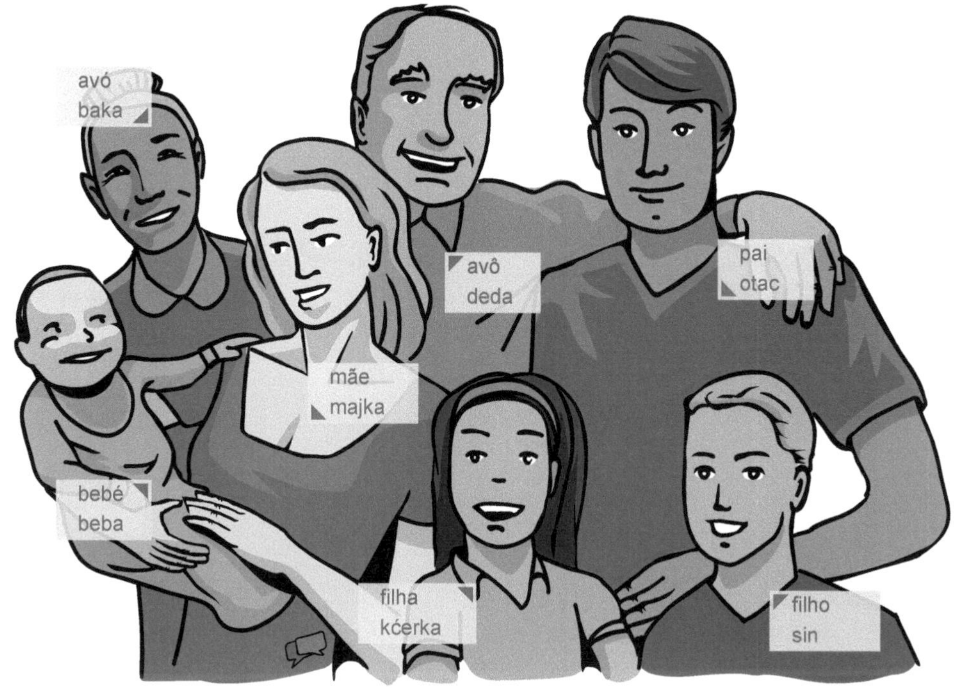
avó
baka
avô
deda
pai
otac
mãe
majka
bebé
beba
filha
kćerka
filho
sin

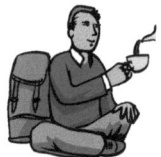

convidado

gost

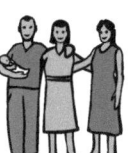

tia

tetka

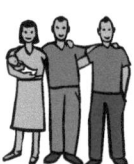

tio

ujak, stric

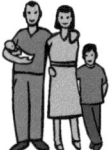

irmão

brat

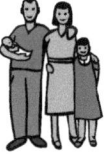

irmã

sestra

corpo
telo

testa
čelo
olho
oko
ombro
rame
dedo
prst
cara
lice
queixo
brada
mão
ruka
perna
noga
peito
grudi
braço
ruka

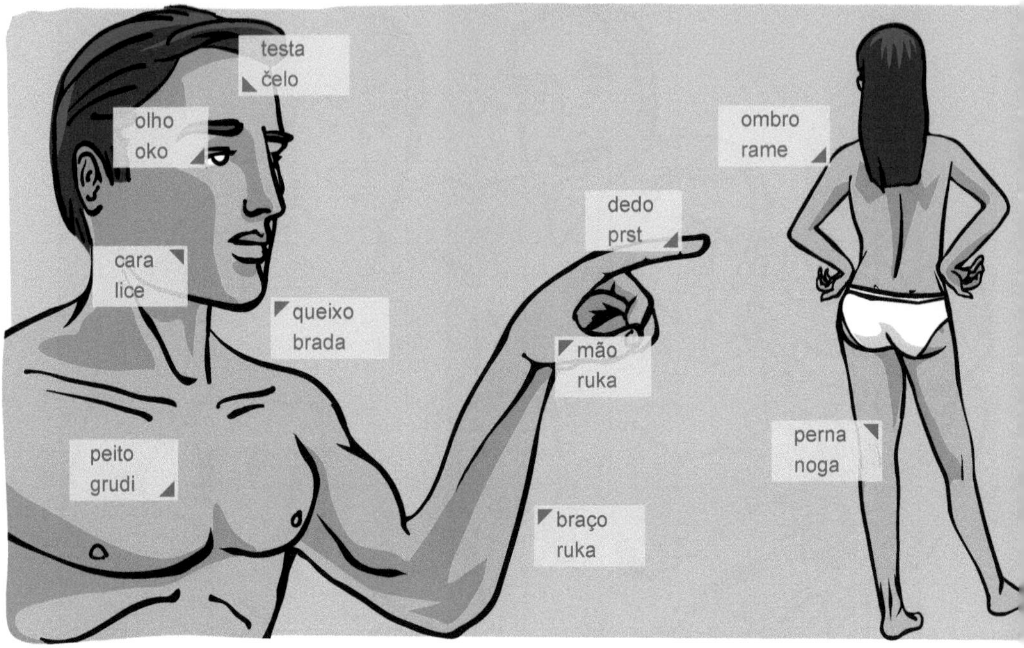

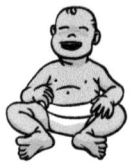

bebé

beba

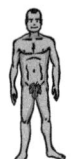

homem

muškarac

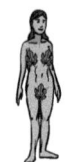

mulher

žena

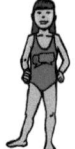

menina

devojčica

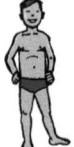

menino

dečak

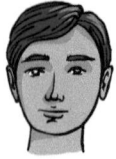

cabeça

glava

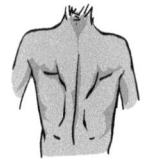

costas

leđa

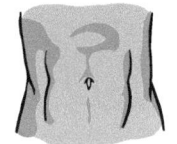

barriga

stomak

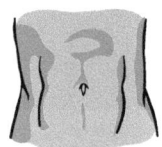

umbigo

pupak

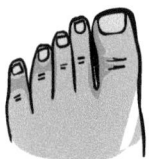

dedo do pé

nožni prst

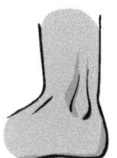

calcanhar

peta

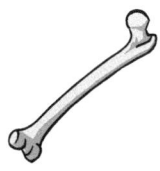

osso

kost

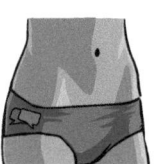

anca

kukovi

joelho

koleno

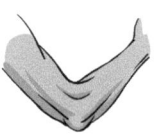

cotovelo

lakat

nariz

nos

nádegas

zadnjica

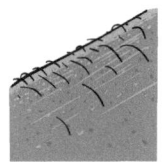

pele

koža

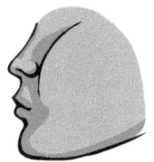

bochecha

obraz

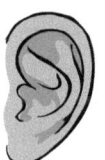

orelha

uvo

lábio

usna

boca

usta

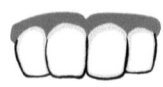

dente

zub

língua

jezik

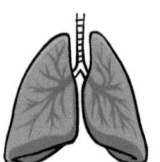

cérebro

mozak

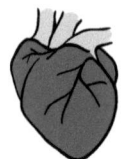

coração

srce

músculo

mišić

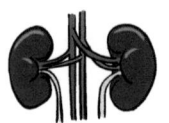

pulmão

pluća

fígado

jetra

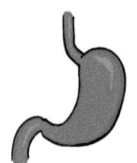

estômago

želudac

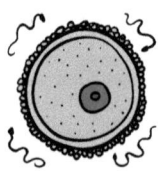

rins

bubrezi

relações sexuais

polni odnos

preservativo

kondom

óvulo

jajna ćelija

esperma

sperma

gravidez

trudnoća

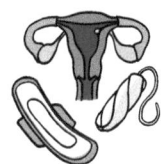

menstruação

menstruacija

vagina

vagina

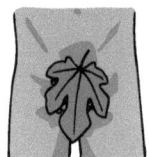

pénis

penis

sobrancelha

obrva

cabelo

kosa

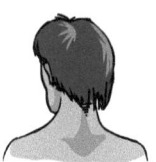

pescoço

vrat

hospital
bolnica

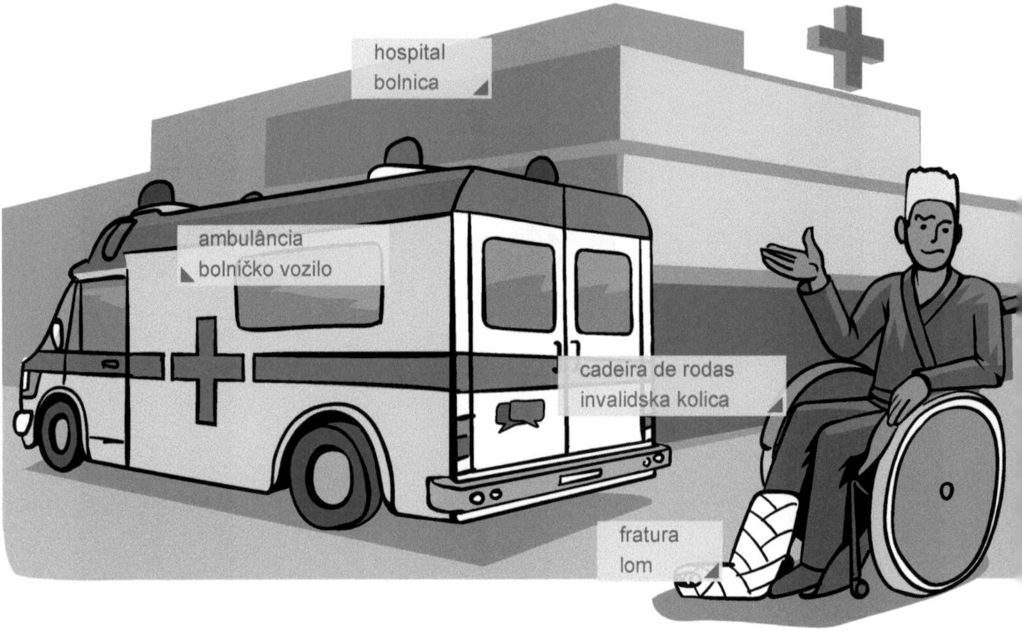

hospital
bolnica
ambulância
bolničko vozilo
cadeira de rodas
invalidska kolica
fratura
lom

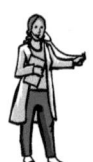

médico

lekar

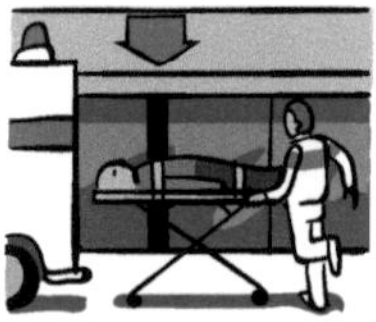

serviço de urgências

hitna medicinska služba

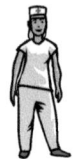

enfermeira

medicinska sestra

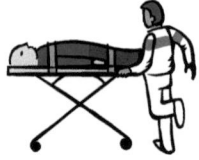

emergência

hitni slučaj

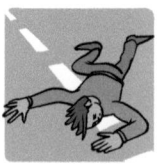

inconsciente

nesvest

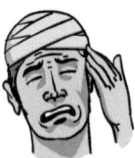

dor

bol

ferimento

povreda

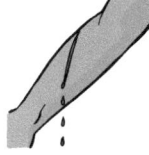

hemorragia

krvarenje

ataque cardíaco

srčani udar

acidente vascular cerebral

udar

alergia

alergija

tosse

kašalj

febre

groznica

gripe

gripa

diarreia

proliv

dor de cabeça

glavobolja

cancro

rak

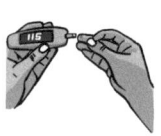

diabetes

dijabetes

cirurgião

hirurg

bisturi

skalpel

operação

operacija

hospital - bolnica

CT
ct

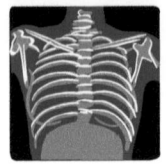

raio x
rentgen

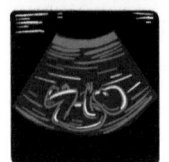

ultrassom
ultrazvuk

máscara
maska

doença
bolest

sala de espera
čekaona

muleta
štaka

penso rápido
flaster

ligadura
zavoj

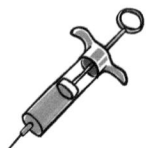

injeção
injekcija

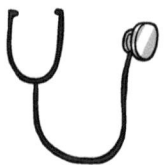

estetoscópio
stetoskop

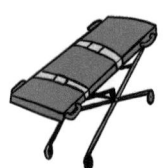

maca
nosila

termómetro
termometar

nascimento
rođenje

excesso de peso
prekomerna težina

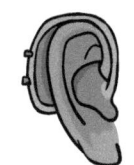

aparelho auditivo

slušni aparat

desinfetante

sredstvo za dezinfekciju

infeção

infekcija

vírus

virus

HIV / SIDA

HIV / AIDS

medicamento

medicina

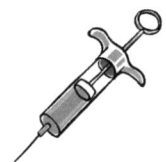

vacinação

vakcinacija

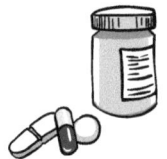

comprimidos

tablete

pílula

pilula

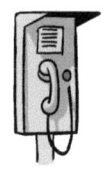

chamada de emergência

hitni poziv

dispositivo de medição de
pressão arterial

uređaj za merenje pritiska

doente / saudável

bolesno / zdravo

Socorro!

pomoć!

alarme

alarm

assalto

nasrtaj

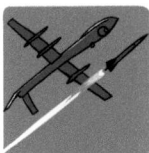

ataque

napad

perigo

opasnost

saída de emergência

izlaz u slučaju nužde

Fogo!

požar!

extintor de incêndios

protivpožarni aparat

acidente

nezgoda

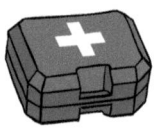

estojo de primeiros socorros

kutija prve pomoći

SOS

sos

polícia

policija

Europa

Evropa

América do Norte

Severna Amerika

América do Sul

Južna Amerika

África

Afrika

Ásia

Azija

Austrália

Australija

Atlântico

Atlantik

Pacífico

Pacifik

Oceano Índico

Indijski okean

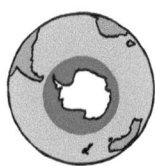

Oceano Antártico

Antarktički okean

Oceano Ártico

Arktički ocean

Polo Norte

Severni pol

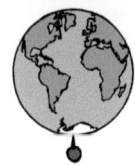

Polo Sul

Južni pol

Antártica

Antarktik

terra

zemlja

país

zemlja

mar

more

ilha

otok

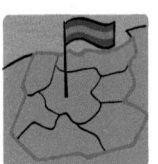

nação

nacija

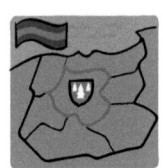

estado

država

mostrador do relógio

brojčanik sata

ponteiro das horas

satna kazaljka

ponteiro dos minutos

minutna kazaljka

ponteiro dos segundos

sekundna kazaljka

Que horas são?

Koliko je sati?

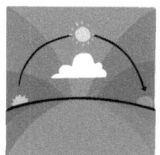

dia

dan

tempo

vreme

agora

sada

relógio digital

digitalni sat

minuto

minuta

hora

čas

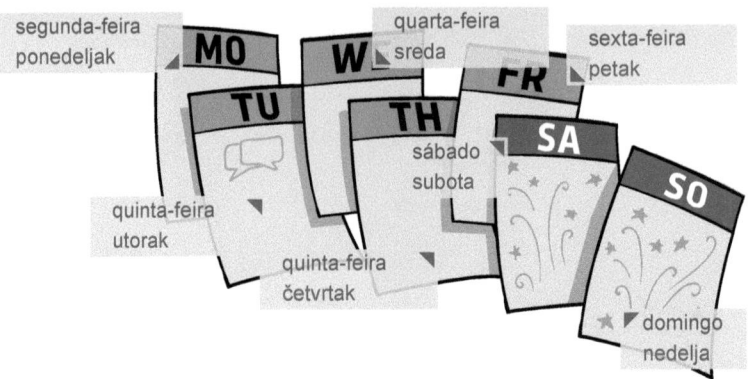

segunda-feira
ponedeljak

quarta-feira
sreda

sexta-feira
petak

sábado
subota

quinta-feira
utorak

quinta-feira
četvrtak

domingo
nedelja

ontem

juče

hoje

danas

amanhã

sutra

manhã

jutro

meio-dia

podne

entardecer

veče

MO	TU	WE	TH	FR	SA	SU
1	2	3	4	5	6	7
8	9	10	11	12	13	14
15	16	17	18	19	20	21
22	23	24	25	26	27	28
29	30	31	1	2	3	4

MO	TU	WE	TH	FR	SA	SU
1	2	3	4	5	6	7
8	9	10	11	12	13	14
15	16	17	18	19	20	21
22	23	24	25	26	27	28
29	30	31	1	2	3	4

dias úteis

radni dani

fim de semana

vikend

ano
godina

chuva
kiša
arco-íris
duga
vento
vetar
neve
sneg
primavera
proleće
verão
leto
outono
jesen
inverno
zima

4.APRIL 11°
5.APRIL 4°
6.APRIL 13°
7.APRIL 8°
8.APRIL 10°

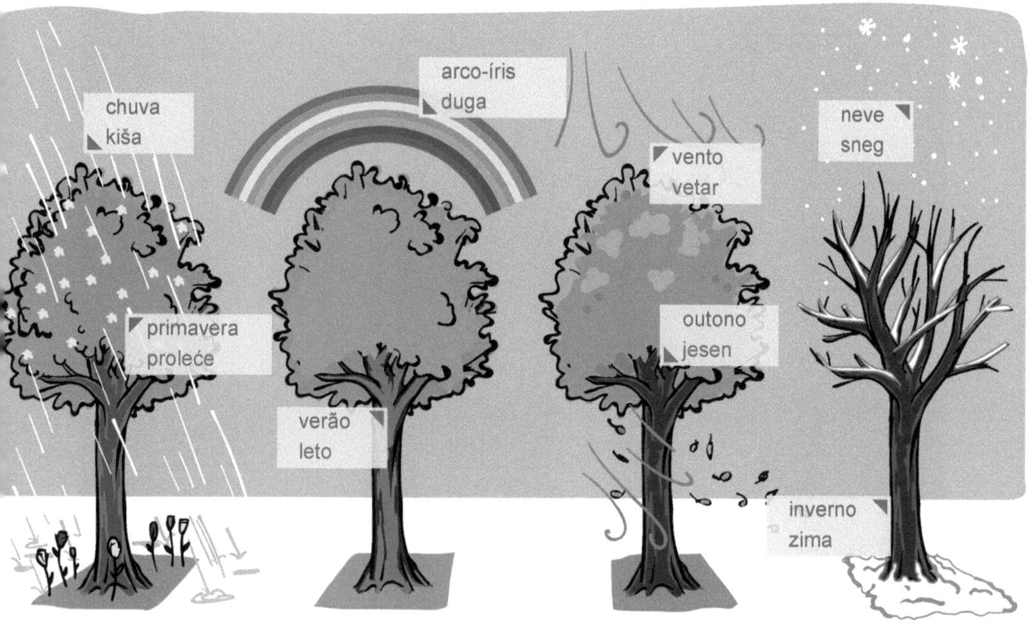

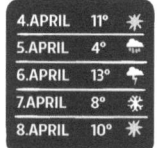

previsão do tempo

meteorološka prognoza

F C
120 40
90 30
60 20
30 10
0 0
-30 -10
-20

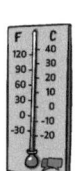

termómetro

termometar

raios de sol

sunčana svetlost

nuvem

oblak

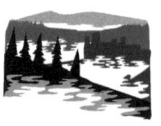

neblina / nevoeiro

magla

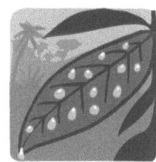

humidade do ar

vlažnost vazduha

relâmpago

munja

trovão

grmljavina

tempestade

oluja

granizo

tuča

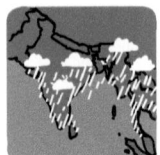

monção

monsun

inundação

poplava

gelo

led

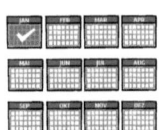

janeiro

januar

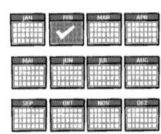

fevereiro

februar

março

mart

abril

april

maio

maj

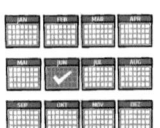

junho

juni

julho

juli

agosto

avgust

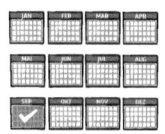

setembro
....
septembar

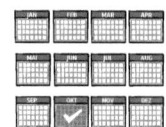

outubro
....
oktobar

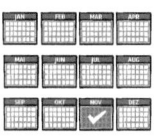

novembro
....
novembar

dezembro
....
decembar

círculo
....
krug

quadrado
....
kvadrat

retângulo
....
pravougao

triângulo
....
trougao

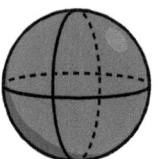

esfera
....
kugla

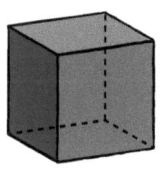

cubo
....
kocka

branco
....
bela

amarelo
....
žuta

laranja
....
narandžasta

rosa
....
ružičasta

vermelho
....
crvena

lilás
....
ljubičasta

azul
....
plava

verde
....
zelena

castanho
....
smeđa

cinzento
....
siva

preto
....
crna

muito / pouco
mnogo / malo

furioso / calmo
ljutito / mirno

lindo / feio
lepo / ružno

princípio / fim
početak / kraj

grande / pequeno
veliko / maleno

claro / escuro
svetlo / tamno

irmão / irmã
brat / sestra

limpo / sujo
čisto / prljavo

completo / incompleto
potpuno / nepotpuno

dia / noite
dan / noć

morto / vivo
mrtvo / živo

largo / estreito
široko / usko

comestível / não comestível

jestivo / nejestivo

mau / gentil

zlo / dobro

entusiasmado / entediado

uzbuđeno / dosadno

gordo / magro

debelo / mršavo

primeiro / último

na početku / na kraju

amigo / inimigo

prijatelj / neprijatelj

cheio / vazio

puno / prazno

duro / macio

tvrdo / mekano

pesado / leve

teško / lagano

fome / sede

glad / žeđ

doente / saudável

bolesno / zdravo

ilegal / legal

ilegalno / legalno

inteligente / burro

pametno / glupo

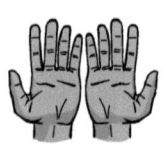

esquerda / direita

levo / desno

perto / longe

blizu / daleko

opostos - suprotnosti

novo / usado

novo / polovno

nada / algo

ništa / nešto

velho / jovem

staro / mlado

ligado / desligado

uključeno / isključeno

aberto / fechado

otvoreno / zatvoreno

baixo / alto

tiho / glasno

rico / pobre

bogato / siromašno

certo / errado

tačno / pogrešno

áspero / liso

hrapavo / glatko

triste / feliz

tužno / sretno

curto / longo

kratko / dugo

lento / rápido

polako / brzo

molhado / seco

mokro / suho

ameno / fresco

toplo / hladno

guerra / paz

rat / mir

0

zero

nula

1

um

jedan

2

dois

dva

3

três

tri

4

quatro

četiri

5

cinco

pet

6

seis

šest

7

sete

sedam

8

oito

osam

9

nove

devet

10

dez

deset

11

onze

jedanaest

12

doze

dvanaest

13

treze

trinaest

14

catorze

četrnaest

15

quinze

petnaest

16

dezasseis

šestnaest

17

dezassete

sedamnaest

18

dezoito

osamnaest

19

dezanove

devetnaest

20

vinte

dvadeset

100

cem

stotinu

1.000

mil

hiljadu

1.000.000

milhão

milion

inglês
....
engleski

inglês americano
....
američki engleski

chinês mandarim
....
mandarinski kineski

hindi
....
hindski

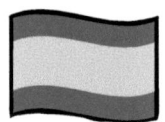

espanhol
....
španski

francês
....
francuski

árabe
....
arapski

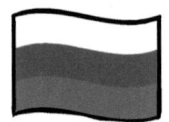

russo
....
ruski

português
....
portugalski

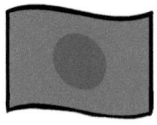

bengalês
....
bengalski

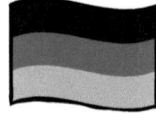

alemão
....
nemački

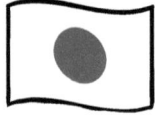

japonês
....
japanski

eu
ja

tu
ti

ele / ela
on / ona / ono

nós
mi

vós
vi

eles / elas
oni

quem?
Ko?

o quê?
Šta?

como?
Kako?

onde?
Gde?

quando?
Kada?

nome
ime

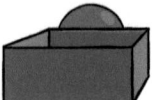

atrás

iza

em

u

à frente de

ispred

sobre

preko

em cima

na

debaixo

ispod

ao lado

pored

entre

između

lugar

mesto